MAN MUSS NICHT ALLES GLAUBEN,
WAS MAN DENKT

KRAUSE GEDANKEN

Erich Krause

MAN MUSS NICHT ALLES GLAUBEN WAS MAN DENKT

KRAUSE GEDANKEN

BUCH NR. 8

Der Autor war Lehrer und Schulleiter an Grundschulen. Gedichte macht er zu seinem und zu anderer Leute Vergnügen - meist aber auch, um etwas kritisch und/oder ironisch zu betrachten.

In den vorliegenden Gedichten wird in aller Bescheidenheit auf große Buchstaben verzichtet. Auch für andere Eigenwilligkeiten wird um Verständnis gebeten. Datenschutzhinweise s. vorletztes Gedicht. ☺

WEITERE BÜCHER MIT „KRAUSEN GEDANKEN":

KRAUSE GEDANKEN – LIEDERBUCH NR. 1, ISBN: 9783739208909

SCHRÄGE VÖGEL – KRAUSE GEDANKEN UND BILDER (LIEDERBUCH NR. 2) ISBN: 9783743142046

MEHR KRAUSE GEDANKEN – GEDANKENSPRÜNGE (LIEDERBUCH NR. 3) ISBN: 9783744882118

ZEITGEISTERBAHN – KRAUSE GEDANKEN – BUCH NR. 4 ISBN: 9783749449019

GEDANKENFLÜGE – KRAUSE GEDANKEN – BUCH NR. 5 ISBN: 9783752862638

VIELLEICHT GIBT ES WAS BESSERES – KRAUSE GEDANKEN - BUCH NR. 6   ISBN: 9783756200542

LEIDER KEINE MEMOIREN – ANSICHTEN; EINSICHTEN… KRAUSE GEDANKEN - BUCH NR. 7, ISBN: 9783743165755

(alle veröffentlicht bei bod)

Viele Texte sind auch im Internet zu finden unter www.krause-gedanken.de oder www.gedankenfluege.de

Bibliografische Information der deutschen Nationalbibliothek: Die deutsche Nationalbibliothek verzeichnet diese Publikation in der deutschen Nationalbibliografie; detaillierte bibliografische daten sind im Internet über http://dnb.dnb.de abrufbar.

© 2025 Erich Krause

Verlag: BoD · Books on Demand GmbH, Überseering 33, 22297 Hamburg, bod@bod.de
Druck: Libri Plureos GmbH, Friedensallee 273, 22763 Hamburg
ISBN: 978-3-7693-1323-9

.

INHALT

man muss nicht alles glauben

egal, ob's uns gefällt oder verstört
und insbesondre, wenn uns was empört –
man muss nicht alles glauben
was man hört

egal, ob uns was freut oder verdrießt
ob es die stimmung hebt oder vermiest –
man muss nicht alles glauben
was man liest

egal, ob's hässlich oder schön aussieht
ein bild ist kein beweis, dass was geschieht –
man muss nicht alles glauben
was man sieht

auch was man denkt, muss nicht so sein
man bildet sich vielleicht nur etwas ein
vielleicht wird man getäuscht und abgelenkt
vielleicht hat man auch irgendwas verdrängt –
man muss nicht alles glauben
was man denkt

selbstüberschätzung

es war einmal ein sofakissen
das prahlte sehr mit seinem wissen
denn es verfolgte sehr genau
vom sofa aus die tagesschau

es war mal eine pfütze
die hatte nicht viel grütze
und hatte die fixe idee
sie wäre eigentlich ein see

es war einmal ein zwerg
der stand auf einem berg
dort fühlte er sich riesengroß
dabei war er ja oben bloß

es war mal eine qualle
die sagte zur koralle:
wie dir mein name schon verrät
bin ich von höchster qualität

beneidenswert

wenn leute ahnungslos und dumm sind
muss das nicht heißen, dass sie stumm sind
sie wolln oft andere belehren
und es auf ihre art erklären

sie meinen stolz, voll selbstvertrauen
die dinge richtig zu durchschauen
meinen, sie wüssten schon genug
und halten sich auch selbst für klug

sind sicher, wenn sie was vermuten
sehn dort die bösen, da die guten
sie finden – ohne viel gegrübel –
auch schuldige für jedes übel

sie glauben alles, was sie meinen
und sie sind mit sich selbst im reinen
man könnte leute fast beneiden
die dumm sind – und nicht drunter leiden

selfie

ein mann hatte als reiseziel
ein sumpfgebiet am oberen nil
dort traf er auf ein krokodil

er wollte schnell ein selfie machen
vorm krokodil mit offenem rachen
er hat ein handybild geklickt
und es sofort nach haus geschickt

zuhause freuten sie sich sehr –
doch dann kam keine nachricht mehr

supersonderangebot

super, alles fast geschenkt!
ein schelm, der böses dabei denkt
nur kurze zeit für einen deal!
prozente sparen, möglichst viel!

fünfzig prozent, das heißt schon was!
was drunter ist, macht keinen spaß
sechzig prozent – ein starkes stück!
und siebzig sind ein großes glück!

sind es noch mehr, gibt's kein zurück!

gibst du aber gar nichts aus
bestellst du nichts, bleibst du zuhaus
gehst du nicht los, wenn jeder rennt
sparst du sogar hundert prozent

wer singen will, soll singen

wer singen will, soll singen
auch wenn nicht alle töne passen
wer springen will, soll springen
wer's hat, soll mal was springen lassen

wer tanzen will, soll tanzen
wer malen will, soll malen
und wer sich etwas leisten kann
soll andre gut bezahlen

wer reden will, soll reden
wer schreiben will, soll schreiben
wer meint, dass er was besser kann
der sollte auf dem teppich bleiben

manche sachen öfter machen

man sollte manche sachen öfter machen:
öfter singen, öfter lachen
öfter seine freunde sehn
öfter mal spazierengehn

öfter lesen, briefe schreiben
öfter bei der sache bleiben
öfter, statt zu fahren, laufen
selber machen, statt zu kaufen

und öfter mal was nettes sagen –
auch an ganz beschissnen tagen

optimistischer pessimist

der pessimist rechnet immer mit nieten
und sieht die chancen nicht, die sich bieten
der optimist, zuversichtlich und froh
denkt meistens nicht an ein risiko

und leider bestärkt uns das weltgeschehen
darin, alles sehr pessimistisch zu sehen
doch ich bin – egal, ob's vernünftig ist –
ein optimistischer pessimist

grund zum optimismus, würde ich meinen
gibt es vor allem eher im kleinen:
leute und dinge, alltägliche sachen
und kleine wunder, die hoffnung machen

losglück

mit braver arbeit und mit fleiß
wird man nicht reich, wie man ja weiß
drum kauf ich ein los für die lotterie
obwohl ich denk, ich gewinne nie

weil aber jeder gewinnen kann
komme ich vielleicht jetzt mal dran
könnte doch sein, es haut nun hin
vielleicht sogar mit dem hauptgewinn

würd ich den loskauf unterlassen
dann würde ich meine chance verpassen
und gewinne ich nicht, ist das auch egal
das macht mir nichts aus – denn das ist normal

ihr findet vielleicht, es sind krause gedanken
so zwischen den gefühlen zu schwanken –
abgesehn davon, wär ich sehr beglückt
wenn ihr mir trotz allem die daumen drückt

geschenkidee

ich wollte dir was schenken
hab mir was ausgedacht
was kleines aber feines
was dir sicher freude macht

ich habe das geschenk erworben
und hab es gleich versteckt
ich wollte nicht, dass irgendwer
es vorzeitig entdeckt

und ich war wirklich mächtig stolz
auf die geschenkidee
und hab mir vorgestellt
wie ich dann deine freude seh

es war nun alles vorbereitet
lang schon vor der zeit
hab immer wieder dran gedacht
und endlich war's so weit

ich wollte das geschenk verpacken
und suchte wirklich stunden
doch das versteck war super –
ich hab's nicht mehr gefunden

ich schaute nach in allen ecken
doch leider fand ich's nicht
drum schenke ich dir als ersatz
vorläufig dies gedicht

ich überleg noch immer
und suche ganz verbissen
hab einiges dabei entdeckt
was wir schon lang vermissen

und immer wieder schau ich nach
in schubladen und schränken
und muss dabei – das freut dich sicher –
ständig an dich denken

rasenmäherfrühling

wenn wiesen wieder grüner sind
wenn blumen blühen, kühe grasen
mäht der gartenfreund auch wieder
pflichtbewusst daheim den rasen

stets mit sorgfalt kürzt er ihn
elektrisch oder mit benzin –
mäher nur mit muskelkraft
werden kaum noch angeschafft

und bestimmt mäht irgendein
nachbar, ferner oder näher
beim ersten warmen sonnenschein
lautstark mit dem rasenmäher

das geräusch der mähmotoren
klingt gewiss für manche ohren
wie musik – doch wie man hört
kann es sein, dass es auch stört

doch wenn an ersten halbwegs schönen
tagen rasenmäher tönen
dann weiß man mit sicherheit:
es ist wieder frühlingszeit

alte hüte

cooler kitsch, der ziemlich kostet
auch verschlissen und verrostet
vintage, retro – viele kunden
haben das schon gut gefunden

es sind – ach, du liebe güte –
eigentlich doch alte hüte!
alles schon mal für die tonne
alles wieder an die sonne

alte moden, alte hüte
sind erwacht zu neuer blüte
geben sich modern und jung
oft verkauft als neuerung

über den vielfältigen nutzen des buches

ein buch kann sicher – ohne jede frage –
sehr hilfreich sein in mancher lebenslage
vielleicht, um über etwas nachzudenken
vielleicht auch, um sich einfach abzulenken

ein buch ist auch – ganz ohne wenn und aber –
dezenter als ein film mit viel gelaber
und elektronik brauchen bücher nicht
sie funktioniern z.b. bei tageslicht

ein buch ist eigentlich auch immer schon
sehr gut geeignet als dekoration
auch ungelesen ist ein buch genial
als nettes accessoire für ein regal

ein buch kann leider ziemlich teuer sein
doch lohnt der kauf, denn es bringt ansehn ein
denn bücher sind noch immer sowieso
ein zeichen für ein höheres niveau

ein buch kannst du – und zwar ohne bedenken –
bei vielerlei gelegenheit verschenken
vielleicht eins, das gerade sehr bekannt ist
vielleicht eins, dessen einband interessant ist

ein buch kannst du, es spricht ja nichts dagegen
benützen, um mal was zu unterlegen
man kann – das haben viele schon vergessen –
auch laubblätter sehr gut in büchern pressen

ein buch, das man nicht braucht, ist allemal
als flohmarktspende wirklich ideal
und dient dann meist einem sozialen zweck
und man hat wieder platz, denn es ist weg

ein buch – wird es ins altpapier gegeben –
erwacht recycelt dann zu neuem leben
vielleicht als blatt mit noten fürs klavier
vielleicht als schulheft oder klopapier

ein buch ist nützlich – ohne jede frage –
in jedem zustand, jeder lebenslage

frustrationsgeschichten

es war einmal ein blitzableiter
der war erst hoffnungsfroh und heiter
dass nie ein blitz traf, traf ihn tief
er war dann leider depressiv

es war einmal ein bettvorleger
der war diskret und sehr integer
kein wunder, dass es ihn verletzte
als man ihn wegwarf und ersetzte

es war ein kühlschrank, der nicht kühlte
weil er ganz heiß die liebe fühlte
und zwar zu einer tiefkühltruhe –
die aber wollte ihre ruhe

es war mal eine nervensäge
die hatte schlimme zahnbeläge
auf ihren sägezähnen –
da kamen ihr die tränen

fix auf x

gefällt es dir zu provozieren
(so richtig wissen musst du nix)
dann kannst du es ja mal probieren –
geht alles fix auf x

du kannst dich selber inszenieren
mit deinen spinnerein und ticks
kannst unbekümmert kommentieren –
geht alles fix auf x

wenn's grob ist oder hirnverbrannt
dann kriegst du sicher viele klicks
vielleicht bist du bald weltbekannt –
geht alles fix auf x

wenn du genügend kohle hast
dann kauf dir so ein x
richt es dir ein wie es dir passt
dich bremst so gut wie nix

abgebrühter typ

er sagt, er hat schon alles mal gesehen
er sagt, er hat schon alles mal gehört
er sagt, es kann kein wunder mehr geschehen
er sagt, es gibt nichts mehr, was ihn verstört

es gibt nichts mehr, was ihn erschüttert
es gibt nichts mehr, was ihn erfreut
es gibt nichts mehr, was ihn verbittert
es gibt auch nichts, was er bereut

es kann ihn nichts bewegen, nichts erschrecken
und es gibt für ihn nichts, was es nicht gibt
es gibt für ihn auch nichts mehr zu entdecken
und es gibt für ihn nichts, was er noch liebt

erfolgreich

dass schamlos regeln man verletzt
hat sich erfolgreich durchgesetzt
man muss beschuldigen, bedrängen
am schluss bleibt immer etwas hängen

beim kampf um stimmen und um quoten
helfen auch fiese tricks und zoten
ob etwas wahr ist oder nicht
fällt dabei gar nicht ins gewicht

auch grobe unverfrorenheit
ist vorteilhaft bei einem streit –
wenn einen aber skrupel plagen
ist man vermutlich leicht zu schlagen

ohne limit

was im auto steckte, das holte er raus
er drückte aufs tempo – zwischen den staus
er brauchte das, um den kick zu kriegen
das war ein gefühl, als könnte er fliegen

er fuhr ganz nah auf zum vordermann
saß ihm im nacken und blinkte ihn an
er fluchte auf alle, die ihn störten
ein glück für ihn, dass sie ihn nicht hörten

leute, die sagten, man müsste was ändern
und sie wären in tempolimit-ländern
besser gefahren und ziemlich entspannt
hat er landesverräter genannt

den ruf nach geschwindigkeitsbeschränkung
empfand er nicht nur als persönliche kränkung
mit limit, so hat er tatsächlich geglaubt
wäre man quasi der freiheit beraubt

eines tags konnte er die kurve nicht kriegen
es endete dann auch sein traum vom fliegen
obwohl – er ist dabei ungelogen
ein ziemlich weites stück geflogen

sein auto hat sich überschlagen
er brachte sich um kopf und kragen
er zog sich selbst aus dem verkehr –
doch leider betraf es auch andere sehr

die aufgeregten

die aufgeregten sind bereit
auch ohne überlegen
sich überall und jederzeit
ganz heftig aufzuregen

als deformierte mutation
des homo sapiens
verbreiten sie sich länger schon
mit steigender tendenz

sie sind zwar in der minderheit
doch nicht zu überhören
sie haben scheinbar immer zeit
sich heftig zu empören

als biotop sind ideal
vor allem die sozialen netze
dort macht man schnell was zum skandal
mit aufregung und wut und hetze

und es verfolgt das ganze land
das fernsehn und die zeitung
auch ganz banales wie gebannt –
und sorgt für die verbreitung

gelassenheit

bei ungeduld, bei einem streit
hilft meistens mehr gelassenheit
um nerven und gemüt zu schonen
könnte es sich zum beispiel lohnen:

ein problem tiefer zu hängen
in schlangen nicht nach vorn zu drängen
ein wort – anstatt sich aufzuregen –
nicht auf die goldwaage zu legen

nicht essen, wenn die speise heiß ist
nicht gehen, wo sehr glattes eis ist
nicht zündeln, wo was explodiern kann
nicht streiten, wenn man nur verliern kann

nicht wütend kommentare schreiben
nicht etwas auf die spitze treiben –
nicht etwas tun, was einem dann
selbst auf die füße fallen kann

gelassenheit ist sozusagen
ein tipp für alle lebenslagen
sie ist gesund für hirn und herz
und schützt vor kopf- und bauchwehschmerz

letzten endes

das leben ist ziemlich ungerecht
dem einem geht's gut, dem andern schlecht
doch ob wir arm sind oder reich –
letzten endes sind wir gleich:

der mensch muss essen und was trinken
wer sich den fuß verstaucht, muss hinken
und letzten endes und sowieso
muss jeder immer mal aufs klo

das leben ist – sag ich jetzt mal –
in seiner grundstruktur banal
(ob jeder gute chancen hat
das steht auf einem anderen blatt)

und ob wir wollen oder nicht
ob wir die welt aus unsrer sicht
schwarz sehen oder rosarot –
letzten endes sind wir tot

auch wer sich für was besseres hält
ist nicht ewig auf der welt

früher war es leichter

ich weiß nicht recht, vielleicht bild ich's mir ein:
war es früher leichter, gut zu sein?

man konnte sich leicht zu den guten zählen
es war nicht so schwer, vernünftig zu wählen
der optimismus war zeitweise groß
die freiheit genoss man fast kostenlos

man sprach vom elend der welt ganz entspannt
als es nicht vor unseren türen stand
man konnte probleme von fern betrachten
während wir es uns hier gemütlich machten

es gab sogar zeiten, so bild ich mir ein
da war es ganz leicht, nicht schlecht zu sein
als man rauchern das qualmen nicht übel nahm
und strom einfach aus der steckdose kam

den müll warf man unsortiert in die tonne
und man freute sich mit fast kindlicher wonne
und ohne spätere probleme zu ahnen
über den bau von autobahnen

ich denke, ich bilde es mir nicht bloß ein:
es war früher leichter, nicht schlecht zu sein

schlechtes gewissen

ich bin nicht perfekt, aber immerhin!
es ist gut, dass ich ziemlich sensibel bin
ich wär gern ein vorbild, das klappt nicht recht
und mein gewissen ist ziemlich schlecht

zum beispiel weiß ich, wenn ich warm bade
dass ich damit leider dem klima schade
und schlecht ist der kauf bestimmter waren
besonders schlecht ist das autofahren

mir ist auch klar, dass es besser wäre
wenn ich mich bewusst und gesund ernähre
oft ess ich ganz einfach, was mir schmeckt
manchmal auch heimlich und versteckt

ich bin wirklich hin und her gerissen
zwischen genüssen und gewissen
es geschieht mir recht, muss ich euch sagen
dass mich gewissensbisse plagen

ich weiß ja, es sind zu viele alte
schlechte muster, wie ich mich verhalte
obwohl ich es anders machen müsste
weil ich es ja eigentlich besser wüsste

ganz schlimm ist es, wenn ich fröhlich bin
dann kommt es mir nämlich in den sinn:
es geht auf der welt vielen wirklich schlecht
dass es mir gut geht, ist ungerecht

ich will mich bessern! so denke ich dann
mein schlechtes gewissen erinnert mich dran
es ist lästig, doch ich möchte es nicht vermissen
und es ist besser als gar kein gewissen

die freiheit

die freiheit ist wie eine gute fee
bei ihr sind nicht nur drei
sondern es sind sozusagen
fast alle wünsche frei

sie ist charmant und sieht gut aus
und strengt sich auch sehr an
jedoch man muss verstehn, dass sie
nicht jeden wunsch erfüllen kann

die freiheit wär gern für alle da
und sie wär gern für alle gleich
aber sie macht viel mehr spaß
wenn man mächtig ist und reich

sie zeigt viel nachsicht und geduld
doch leider muss man sehen
dass manche, die von freiheit reden
sie heimlich hintergehen

und sie ist zart auf ihre art
und kann dort nicht mehr bleiben
wo grobheit, lüge, hinterlist
sie rücksichtslos vertreiben

ps: die freiheit

da, wo keine freiheit ist
behaupten mächtige oft dreist
dass der zustand, den sie schaffen
die freiheit ist oder verheißt

die freiheit ist, da wo sie fehlt
ein großes sehnsuchtsziel
sie motiviert sogar zum kampf –
doch man erwartet oft zu viel

die freiheit nützt leider wenig
wenn armut herrscht und not
die leute können die freiheit nicht essen
und hätten dann doch lieber brot

die demokratie

wenn alles bestens läuft
dann mag sie jeder leiden
doch was man von ihr erwartet
ist ziemlich unbescheiden

sie kann verwirrend sein
mit vielen möglichkeiten
und mancher meint, es fehlten
gewiss- und sicherheiten

und geht mal etwas schief
und sind die zeiten schlecht
gerät sie leicht in misskredit –
und das ist ungerecht

denn sie kann nichts dafür
es liegt doch auf der hand:
sie ist so klug oder so dumm
wie es die leute sind im land

zuversicht

sind wir voller zuversicht
dann regeln wir probleme gütlich
belastet uns die zukunft nicht
dann ist es im lande ziemlich gemütlich

und man denkt voller übermut:
alles wird gut

doch nehmen die sorgen überhand
dann wird es ungemütlich im land
immer rauer wird der ton
vergiftet ist die diskussion

kompromiss und geduld funktionieren nicht
fehlt es im lande an zuversicht

wähler

der wähler will aus gutem grund
gut leben, sicher und gesund
und drum versucht man gern bei wahlen
ihm irgendwas schön auszumalen

doch auch schwarz-weiß ist sehr beliebt
als ob es nur entweder-oder gibt
das klügere sowohl-als-auch
verschwindet hinter schall und rauch

dass man zu viel versprochen hat
und manches auch gebrochen hat
erweist sich bei der nächsten wahl
eventuell als recht fatal

kann sein, dass mancher von frust gequält
aus seiner sicht zwischen zwei übeln wählt
vielleicht wählt mancher – um sich zu rächen –
dann mal ganz andere versprechen

rote ohren

schwindelst du, sprach meine mutter
hast du schon verloren!
wenn du lügst, dann seh ich das:
du kriegst rote ohren!

rote ohren hab ich aber
muss ich euch jetzt eingestehn
später dann in meinem leben
bei den leuten kaum gesehn

rote ohren müsste kriegen
wer frech den andern ins gesicht
lügt, dass sich die balken biegen –
doch rote ohren seh ich nicht

ich kenn keinen, der die ohren
auch nur leicht gerötet hätt
wenn er lügt, ob laut, ob leis
im fernsehn und im internet –

dass leute, die am schluss behaupten
sie wussten alles schon vorher
keine roten ohren kriegen
wundert mich schon gar nicht mehr

alte weiße männer

das feindbild alte weiße männer
bringt alles üble auf einen nenner:
es sagt, die halten den fortschritt auf
sind privilegiert und bestehen drauf

es ist nicht persönlich gemeint, okay
aber ist es nicht ein fettes klischee?
es diskrimiert – seh ich es recht –
zugleich alter, hautfarbe und geschlecht

ich bin schon ein wenig irritiert –
wird hier nicht von denen diskriminiert
die ansonsten gern worte wegen
diskriminierung auf die goldwaage legen?

ich wüsste dazu nur allzu gern
die meinung von älteren weißen herrn
wie sokrates, adorno und kant –
fänden sie das amüsant?

würde diogenes (der kerl in der tonne)
nur sagen: geht mir aus der sonne!?
würde es einstein gelassen wegstecken
und einfach mal wieder die zunge blecken?

woher

ein zufall, man kommt ins gespräch
man redet, kommt sich näher
mein gegenüber ist – denk ich –
vielleicht kein europäer

wo ist er her? fast kein akzent!
so überleg ich mir
nicht neugier ist's, was in mir brennt
nein, es ist wissbegier

ich frage ihn total naiv
und interessiert, woher er ist...
o je, war das zu primitiv?
verhalt ich mich wie ein rassist?

der fremde gibt mir antwort
und redet ganz entspannt –
kein anzeichen dafür
dass er es übergriffig fand

wär ich distanziert geblieben
weil fragen ja so brenzlig ist –
hätt er dann vielleicht vermutet
ich sei ein rassist?

künstliche intelligenz

weil die natürliche intelligenz
(die menschliche) oftmals versagt
ist es die logische konsequenz
dass man die künstliche gerne befragt

sie ist geduldig und immer bereit
man bringt sie kaum in verlegenheit

sie hat allerdings leider auch die tendenz
ihre gar nicht so seltenen wissenslücken
mit einer gewissen impertinenz
und mit fantasie zu überbrücken

sie verkündet auch zweifelhafte erkenntnis
mit überzeugendem selbstverständnis

man sollte ihr deshalb nicht blind vertrauen
man weiß nicht, wer da rührt im topf
man kann ihr nicht in die augen schauen
und schon gar nicht in den kopf

es geht in letzter konsequenz
nicht ohne menschliche intelligenz

knoten

ein knoten ist oft ein problem
man fummelt ewig rum daran
und es ist sehr unangenehm
wenn man ihn nicht lösen kann

ein tipp: es geht oft besser
mit schere oder messer
und bei einem dicken seil
hilft auch mal ein hackebeil

und wie man weiß, hat sich ein schwert
zur knotenlösung auch bewährt:
so haute einst der große alexander
den gordischen knoten auseinander

ich denke, ihr versteht es wohl:
der knoten ist hier ein symbol
man kann probleme manches mal
ganz einfach lösen und brachial

wetterhahn

den wetterhahn fragte ein knabe
ob er nicht besseres wetter habe:
ich hätte gerne sonnenschein
kannst du mir da behilflich sein?

da sprach der hahn mit leisem lachen:
am wetter kann ich gar nichts machen
mich dreht der wind, auch grade jetzt -
ich bin dem wetter ausgesetzt

der kecke knabe ging sodann
zum wetterfrosch und sprach ihn an:
warum da unten an der leiter?
steig hoch, dann wird es sonnig heiter!

der frosch quakt: ach, wie dumm du bist!
ich zeig das wetter, wie es ist
ich bleibe unten und ich rühr
mich erst, wenn ich die änderung spür

da war der knabe endlich schlauer
denn schließlich nun begriff das kind
dass die, die uns das wetter zeigen
gar nicht die wettermacher sind

er wollte ursache und wirkung
nicht mehr gedankenlos verdrehn
das half ihm dann nicht nur beim wetter
die dinge besser zu verstehn

datenschutz

was wir hören, was wir gucken
wo wir sind und was wir schlucken
was wir kaufen, was wir essen –
alle unsere interessen
möchten viele von uns wissen
die es gar nicht wissen müssen

unsre daten sind begehrt
haben auch als ware wert
gut, dass uns gesetze schützen
wenn wir das internet benützen –
doch es ist nicht zu bestreiten
datenschutz hat schattenseiten:

wer mit bosheit, lug und trug
kriminell und schlau genug
im internet im trüben fischt
wird dabei meist nicht erwischt
denn wenn er das netz benützt
sind seine daten gut geschützt

datenschutzversprechen

liebe buchbenützerin
lieber buchbenützer
hier in diesem buche drin
(das bestätigt jeder datenschützer)
sind deine daten jederzeit
in absoluter sicherheit

ich erfahr nicht, was du denkst
ob du es liest oder verschenkst
ob du es zu schätzen weißt
oder ob du es zerreißt

mach dir also keine sorgen
auch dein name bleibt verborgen
und die internetpiraten
kriegen hier nicht deine daten

du kannst bei gelegenheit
meine bücher jederzeit
ohne datenschutzbedenken
preiswert kaufen und verschenken

nie mehr ein gedicht

mir bleibt die sprache weg bei all den fragen
die sich uns stelln in diesen tagen
bin sprachlos oft und weiß nichts mehr
vielleicht ist ja mein kopf ganz leer

vielleicht ist er ja auch zu voll –
ich weiß nicht, was ich denken soll

bei allzu vielen schrägen sachen
kann ich mir keinen reim drauf machen
drum sage ich aus heutiger sicht:
ich schreibe nie mehr ein gedicht

es geht nicht mehr, ich seh es ein –
doch das kann morgen anders sein